Welt der Zahl – Einmaleins

ISBN 978-3-8377-4945-8

Ich kann's!

Name:

Klasse:

Ich habe die Übungen erfolgreich bearbeitet am:

Multiplizieren

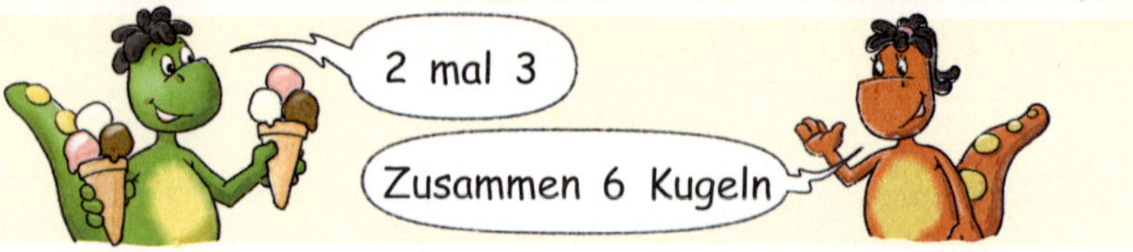

Finde zu jedem Bild die passende Mal-Aufgabe und das Ergebnis.

1. Aufgabe 2. Ergebnis

3. Aufgabe 4. Ergebnis

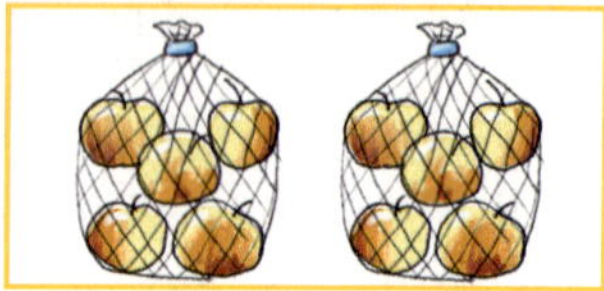

5. Aufgabe 6. Ergebnis

7. Aufgabe 8. Ergebnis

9. Aufgabe 10. Ergebnis

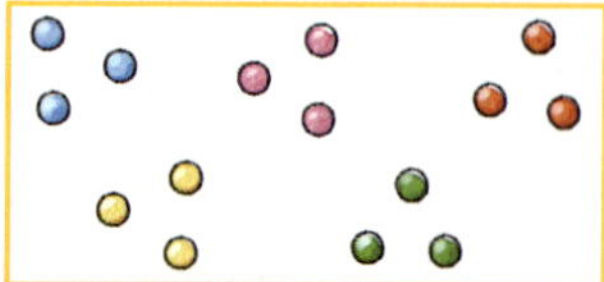

11. Aufgabe 12. Ergebnis

Lösung	2 · 5	3 · 2	3 · 6	3 · 10	4 · 3	5 · 3	6	10	12	15	18	30
Feld	12	1	5	10	6	7	3	4	2	9	11	8

Würfelbilder

1. Aufgabe 2. Ergebnis

3. Aufgabe 4. Ergebnis

5. Aufgabe 6. Ergebnis

7. Aufgabe 8. Ergebnis

9. Aufgabe 10. Ergebnis

11. Aufgabe 12. Ergebnis

Lösung	2 · 5	3 · 3	3 · 6	4 · 4	5 · 5	6 · 2	9	10	12	16	18	25
Feld	8	1	4	7	5	9	12	10	11	2	6	3

Multiplizieren mit Null

Finde zu jedem Bild die passende Mal-Aufgabe und das Ergebnis.

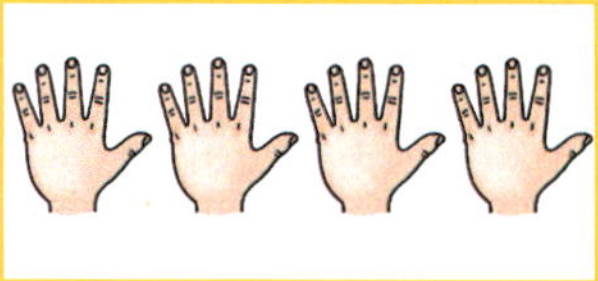
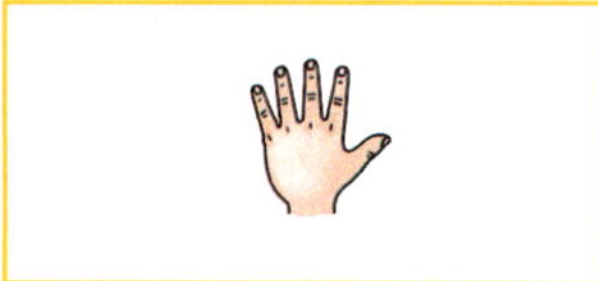
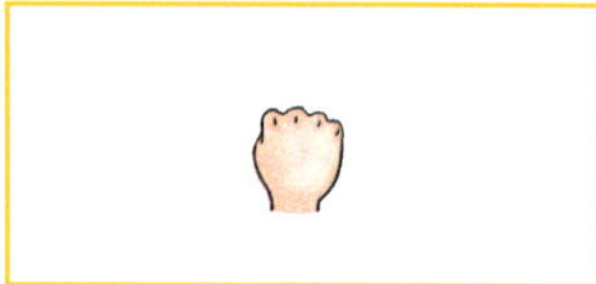

1. Aufgabe	2. Ergebnis	3. Aufgabe	4. Ergebnis	5. Aufgabe	6. Ergebnis

Lösung	0 · 5	1 · 5	4 · 5	0	5	20
Feld	10	4	7	12	8	11

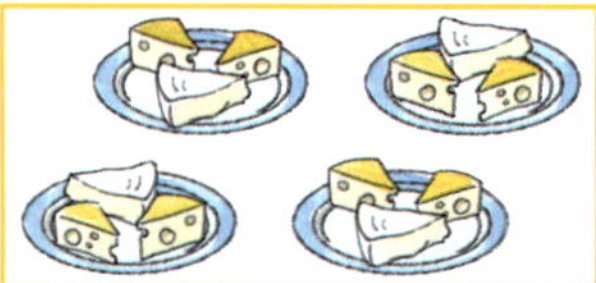
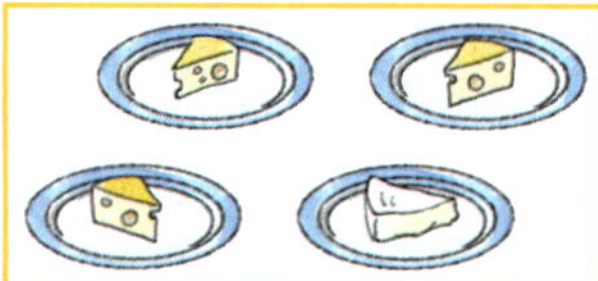
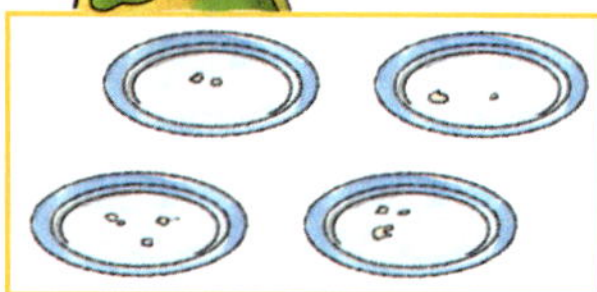

7. Aufgabe	8. Ergebnis	9. Aufgabe	10. Ergebnis	11. Aufgabe	12. Ergebnis

Lösung	4 · 0	4 · 1	4 · 3	0	4	12
Feld	2	3	5	6	9	1

Aufgepasst!

1. 6 · 2 = ____
2. 6 · 1 = ____
3. 6 · 0 = ____
4. 6 + 1 = ____
5. 6 – 1 = ____
6. 6 + 2 = ____

Lösung	0	5	6	7	8	12
Feld	19	13	22	23	21	24

7. 3 · 1 = ____
8. 3 + 1 = ____
9. 3 – 1 = ____
10. 3 + 2 = ____
11. 3 · 2 = ____
12. 3 · 0 = ____

Lösung	0	2	3	4	5	6
Feld	16	20	15	17	14	18

Rechnen mit 0 und 1

1. 4 · ____ = 4
2. 4 · ____ = 0
3. 4 – ____ = 0
4. 4 + 1 = ____
5. 4 – 1 = ____
6. 4 + 4 = ____

Lösung	0	1	3	4	5	8
Feld	12	8	3	10	7	11

7. 1 · ____ = 0
8. 1 · ____ = 1
9. 1 · ____ = 5
10. 1 + ____ = 5
11. 1 + 1 = ____
12. 5 + 1 = ____

Lösung	0	1	2	4	5	6
Feld	5	1	2	4	9	6

Aufgabe und Tauschaufgabe

Finde zu jeder Mal-Aufgabe die Tauschaufgabe und das Ergebnis.

2 · 8

1. Tauschaufgabe | 2. Ergebnis

3 · 7

3. Tauschaufgabe | 4. Ergebnis

6 · 2

5. Tauschaufgabe | 6. Ergebnis

2 · 9

7. Tauschaufgabe | 8. Ergebnis

5 · 4

9. Tauschaufgabe | 10. Ergebnis

4 · 6

11. Tauschaufgabe | 12. Ergebnis

Lösung	2 · 6	4 · 5	6 · 4	7 · 3	8 · 2	9 · 2	12	16	18	20	21	24
Feld	2	8	3	7	10	6	11	12	4	1	9	5

Multiplizieren am Punktefeld

3 · 5	1. Punktefeld	2. Tauschaufgabe	3. Ergebnis
4 · 3	4. Punktefeld	5. Tauschaufgabe	6. Ergebnis
4 · 6	7. Punktefeld	8. Tauschaufgabe	9. Ergebnis
5 · 7	10. Punktefeld	11. Tauschaufgabe	12. Ergebnis

Lösung

Feld 23	13	22	14

Lösung	3 · 4	5 · 3	6 · 4	7 · 5	12	15	24	35
Feld	21	17	19	20	18	16	15	24

Springen am Zahlenstrahl

Starte immer bei Null. Wo landest du?

1. fünf Zehner-Sprünge	5. acht Zehner-Sprünge	9. fünf Fünfer-Sprünge
2. drei Siebener-Sprünge	6. zwei Neuner-Sprünge	10. fünf Achter-Sprünge
3. acht Zweier-Sprünge	7. sieben Vierer-Sprünge	11. sechs Sechser-Sprünge
4. vier Fünfer-Sprünge	8. drei Zweier-Sprünge	12. sechs Zehner-Sprünge

Lösung	6	16	18	20	21	25	28	36	40	50	60	80
Feld	5	9	7	11	8	10	1	6	4	12	2	3

Wie heißt die Mal-Aufgabe?

zwei Achter-Sprünge	1. **Mal-Aufgabe**	2. **Ergebnis**
sechs Dreier-Sprünge	3. **Mal-Aufgabe**	4. **Ergebnis**
zehn Fünfer-Sprünge	5. **Mal-Aufgabe**	6. **Ergebnis**
fünf Siebener-Sprünge	7. **Mal-Aufgabe**	8. **Ergebnis**
zehn Sechser-Sprünge	9. **Mal-Aufgabe**	10. **Ergebnis**
acht Achter-Sprünge	11. **Mal-Aufgabe**	12. **Ergebnis**

Lösung	2 · 8	5 · 7	6 · 3	8 · 8	10 · 5	10 · 6	16	18	35	50	60	64
Feld	19	18	22	13	16	21	23	20	14	24	15	17

Durch-Aufgabe

Es sind 8 Kinder. Durch-Aufgabe 8 : 2. Es sind vier Gruppen.

Wie viele Gruppen sind es?

1.

12 : 3 = ___

Es sind ___Gruppen.

2.

20 : 4 = ___

Es sind ___Gruppen.

Finde die passende Durch-Aufgabe und das Ergebnis.

Immer sechs Kinder in einer Gruppe.

3. Durch-Aufgabe

4. Ergebnis

Immer vier Kinder in einer Gruppe.

5. Durch-Aufgabe

6. Ergebnis

Es sind 12 Eier.
Immer sechs Eier sind in einem Karton.

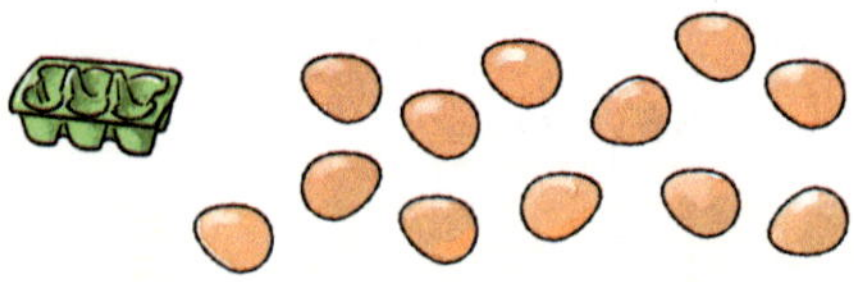

7. Durch-Aufgabe

8. Ergebnis

Es sind 18 Socken.
Immer zwei Socken sind ein Paar.

9. Durch-Aufgabe

10. Ergebnis

Es sind 28 Muffins.
Immer vier Muffins sind in einer Schachtel.

11. Durch-Aufgabe

12. Ergebnis

Lösung	2	3	4	5	6	7	9	12 : 6	18 : 2	18 : 6	24 : 4	28 : 4
Feld	7	1	2	9	10	4	12	3	6	5	11	8

12 : 3 = 4

3 · 4 = 12

1. Es sind 15 Plättchen. Immer fünf Plättchen sind in einer Gruppe.

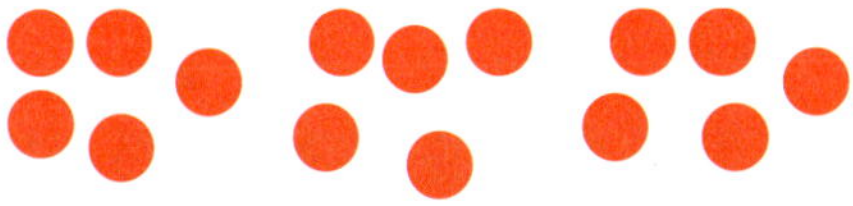

Durch-Aufgabe: 15 : 5 = 3
Es sind ___ Gruppen.
Mal-Aufgabe: 3 · 5 = 15

2. Es sind 12 Plättchen. Immer drei Plättchen sind in einer Gruppe.

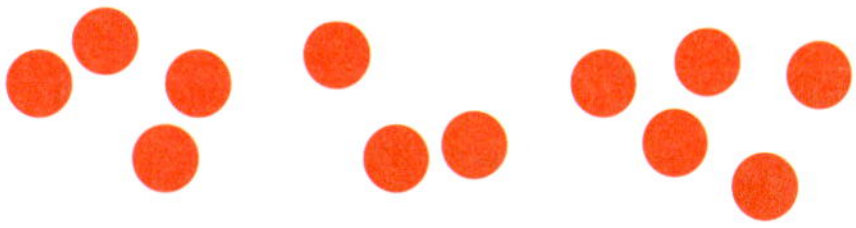

Durch-Aufgabe: 12 : 3 = 4
Es sind ___ Gruppen.
Mal-Aufgabe: 4 · 3 = 12

Wie viele Gruppen sind es? Finde die Durch- und Mal-Aufgabe.

Immer 3 Plättchen sind in einer Gruppe.

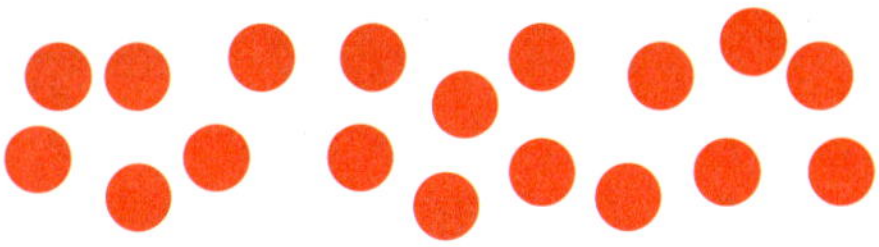

3. Durch-Aufgabe: ___
4. Es sind ___ Gruppen.
5. Mal-Aufgabe: ___

Immer 4 Plättchen sind in einer Gruppe.

6. Durch-Aufgabe: ___
7. Es sind ___ Gruppen.
8. Mal-Aufgabe: ___

Verteile gerecht.

9. Durch-Aufgabe: ___
10. Jedes Kind bekommt ___ Orangen.

11. Durch-Aufgabe: ___
12. Jedes Kind bekommt ___ Orange.

Lösung	1	2	3	4	5	6	5 · 4	6 · 3	4 : 4	10 : 5	18 : 3	20 : 4
Feld	18	15	19	23	17	20	13	16	14	22	21	24

Verdoppeln und Halbieren

$2 \cdot 5 = 10$

$10 : 2 = 5$

1. $2 \cdot 5 =$ ___	4. $2 \cdot 13 =$ ___	7. $14 : 2 =$ ___	10. $18 : 2 =$ ___
2. $2 \cdot 7 =$ ___	5. $2 \cdot 3 =$ ___	8. $4 : 2 =$ ___	11. $22 : 2 =$ ___
3. $2 \cdot 4 =$ ___	6. $2 \cdot 11 =$ ___	9. $24 : 2 =$ ___	12. $8 : 2 =$ ___

Lösung	2	4	6	7	8	9	10	11	12	14	22	26
Feld	7	9	11	10	6	12	1	8	5	3	4	2

Das Doppelte – die Hälfte

Zahl	4	12	8	15	40	1	14
das Doppelte	8	1.	2.	3.	4.	5.	6.
Zahl	18	16	40	22	14	6	80
die Hälfte	9	7.	8.	9.	10.	11.	12.

Lösung	2	3	7	8	11	16	20	24	28	30	40	80
Feld	16	13	15	18	22	23	14	19	24	21	17	20

Erst die passende Mal- oder Durch-Aufgabe, dann das Ergebnis.

Das Doppelte von 9	1. Aufgabe	2. Ergebnis
Das Doppelte von 24	3. Aufgabe	4. Ergebnis
Das Doppelte von 4	5. Aufgabe	6. Ergebnis
Die Hälfte von 20	7. Aufgabe	8. Ergebnis
Die Hälfte von 10	9. Aufgabe	10. Ergebnis
Die Hälfte von 48	11. Aufgabe	12. Ergebnis

Lösung	$2 \cdot 4$	$2 \cdot 9$	$2 \cdot 24$	$10 : 2$	$20 : 2$	$48 : 2$	5	8	10	18	24	48
Feld	9	2	3	4	11	8	10	5	7	6	12	1

Ergänze die fehlenden Zahlen!

		1.	2.	3.	4.	5.	6.
Kinder	1		3	5			10
Schuhe	2	4			14	18	

Lösung	2	6	7	9	10	20
Feld	21	24	22	13	19	23

Finde erst die passende Tauschaufgabe, dann das Ergebnis.

8 · 2	7. **Tauschaufgabe**	8. **Ergebnis**
6 · 2	9. **Tauschaufgabe**	10. **Ergebnis**
4 · 2	11. **Tauschaufgabe**	12. **Ergebnis**

Lösung	2 · 4	2 · 6	2 · 8	8	12	16
Feld	16	20	17	18	14	15

Springen am Zahlenstrahl

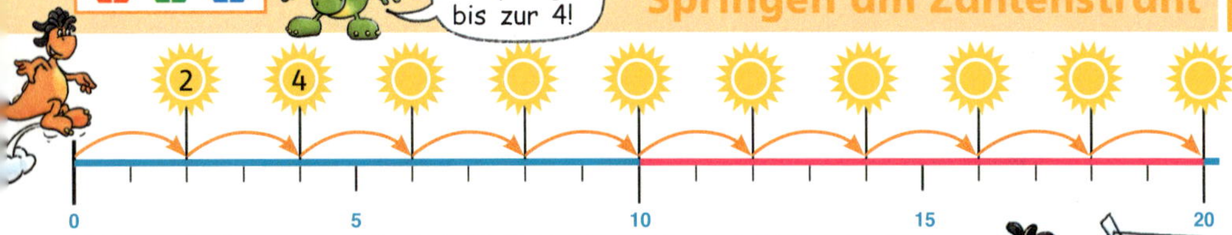

14	1. **Aufgabe** / 2. **Ergebnis**	20	3. **Aufgabe** / 4. **Ergebnis**	8	5. **Aufgabe** / 6. **Ergebnis**
18	7. **Aufgabe** / 8. **Ergebnis**	12	9. **Aufgabe** / 10. **Ergebnis**	4	11. **Aufgabe** / 12. **Ergebnis**

Lösung	4 : 2	8 : 2	12 : 2	14 : 2	18 : 2	20 : 2	2	4	6	7	9	10
Feld	9	8	1	3	12	2	11	6	7	5	10	4

Gemischte Aufgaben

1. 7 · 2 = ___	4. 3 · 2 = ___	7. 18 : 2 = ___	10. 14 : 2 = ___
2. 4 · 2 = ___	5. 8 · 2 = ___	8. 4 : 2 = ___	11. 6 : 2 = ___
3. 10 · 2 = ___	6. 5 · 2 = ___	9. 8 : 2 = ___	12. 10 : 2 = ___

Lösung	2	3	4	5	6	7	8	9	10	14	16	20
Feld	18	17	20	15	23	13	22	16	21	24	14	19

Einmaleins mit 10

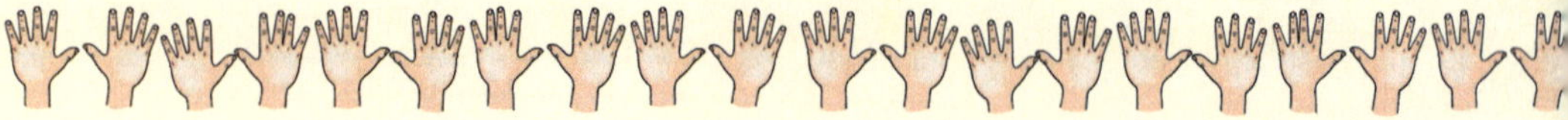

Ergänze die fehlenden Zahlen!

		1.	2.	3.	4.	5.	6.	7.	8.
Kinder	1	2			5	6			9
Finger	10		30	40			70	80	

9. 1 · 10 = ___
10. 0 · 10 = ___
11. 10 · 10 = ___
12. 11 · 10 = ___

Lösung	0	3	4	7	8	10	20	50	60	90	100	110
Feld	4	7	10	8	1	9	11	12	3	5	6	2

Einmaleins mit 5

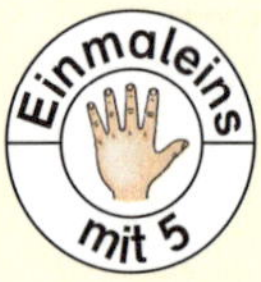

Ergänze die fehlenden Zahlen!

		1.	2.	3.	4.	5.	6.	7.	8.
Hände	1	2			5	6			9
Finger	5		15	20			35	40	

9. 1 · 5 = ___
10. 0 · 5 = ___
11. 10 · 5 = ___
12. 11 · 5 = ___

Lösung	0	3	4	5	7	8	10	25	30	45	50	55
Feld	16	19	22	21	20	13	23	24	15	17	18	14

Die Tauschaufgabe kann dir helfen!

1. 2 · 10 = ___
2. 9 · 10 = ___
3. 5 · 10 = ___
4. 10 · 4 = ___
5. 10 · 6 = ___
6. 11 · 10 = ___
7. 5 · 5 = ___
8. 2 · 5 = ___
9. 9 · 5 = ___
10. 5 · 6 = ___
11. 5 · 3 = ___
12. 11 · 5 = ___

Lösung	10	15	20	25	30	40	45	50	55	60	90	110
Feld	9	10	4	7	12	3	6	5	8	11	2	1

Zahline macht Fünfer-Sprünge.

Zahlix macht Zehner-Sprünge.

Wie viele Sprünge macht Zahlix? Wie viele Zahline?

Finde die passende Durch-Aufgabe und das Ergebnis.

	20	30	50
	1. Durch-Aufgabe 2. Ergebnis	3. Durch-Aufgabe 4. Ergebnis	5. Durch-Aufgabe 6. Ergebnis
	7. Durch-Aufgabe 8. Ergebnis	9. Durch-Aufgabe 10. Ergebnis	11. Durch-Aufgabe 12. Ergebnis

Lösung	20 : 5	20 : 10	30 : 5	30 : 10	50 : 5	50 : 10	2	3	4	5	6	10
Feld	17	20	22	21	14	15	24	19	13	23	16	18

Gemischte Aufgaben

1. 20 : 10 = ___	4. 25 : 5 = ___	7. 70 : 10 = ___	10. 55 : 5 = ___
2. 45 : 5 = ___	5. 40 : 10 = ___	8. 5 : 5 = ___	11. 50 : 5 = ___
3. 60 : 10 = ___	6. 15 : 5 = ___	9. 40 : 5 = ___	12. 60 : 5 = ___

Lösung	1	2	3	4	5	6	7	8	9	10	11	12
Feld	1	7	12	10	8	4	5	3	11	2	9	6

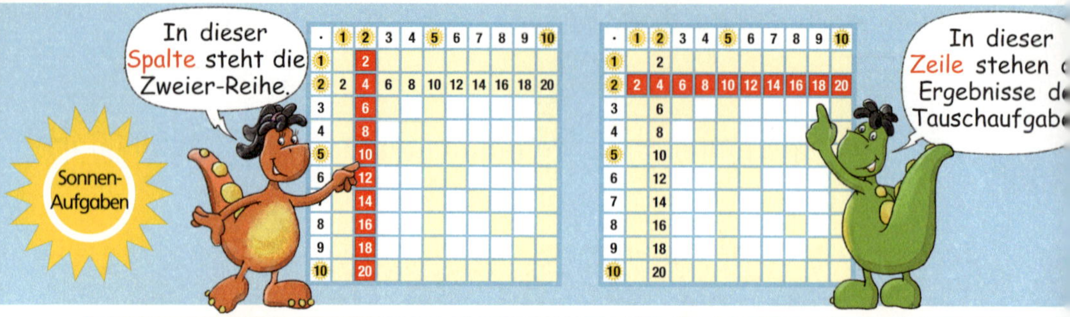

Finde erst die passende Mal-Aufgabe, dann das Ergebnis.

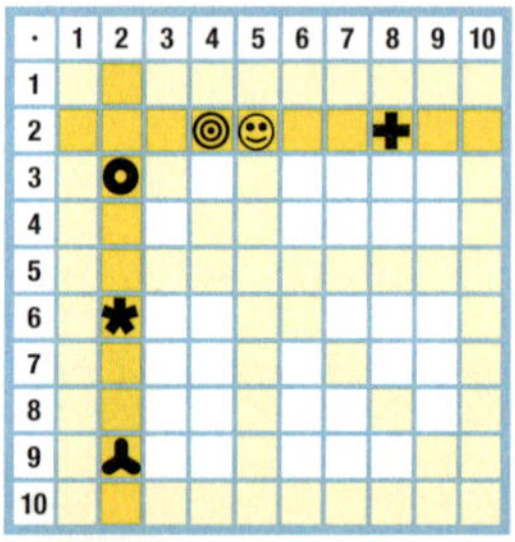

◎	1. Mal-Aufgabe	●	7. Mal-Aufgabe
	2. Ergebnis		8. Ergebnis
☺	3. Mal-Aufgabe	✱	9. Mal-Aufgabe
	4. Ergebnis		10. Ergebnis
✚	5. Mal-Aufgabe	⅄	11. Mal-Aufgabe
	6. Ergebnis		12. Ergebnis

Lösung	2·4	2·5	2·8	3·2	6·2	9·2	6	8	10	12	16	18
Feld	8	10	3	5	9	2	1	12	7	4	11	6

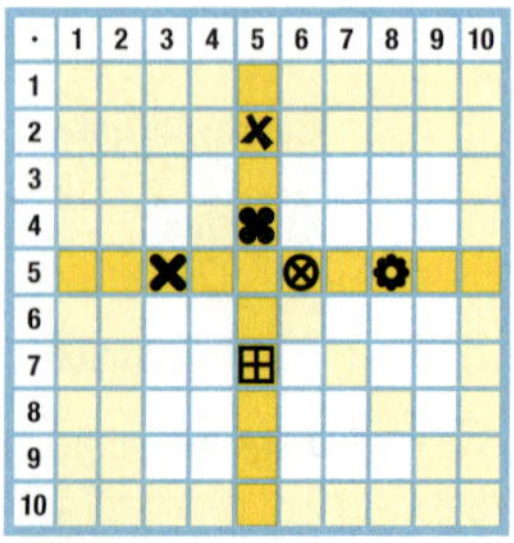

✗	1. Mal-Aufgabe	⊗	7. Mal-Aufgabe
	2. Ergebnis		8. Ergebnis
✤	3. Mal-Aufgabe	✿	9. Mal-Aufgabe
	4. Ergebnis		10. Ergebnis
✖	5. Mal-Aufgabe	⊞	11. Mal-Aufgabe
	6. Ergebnis		12. Ergebnis

Lösung	2·5	4·5	5·3	5·6	5·8	7·5	10	15	20	30	35	40
Feld	10	7	2	6	8	3	12	11	9	4	5	1

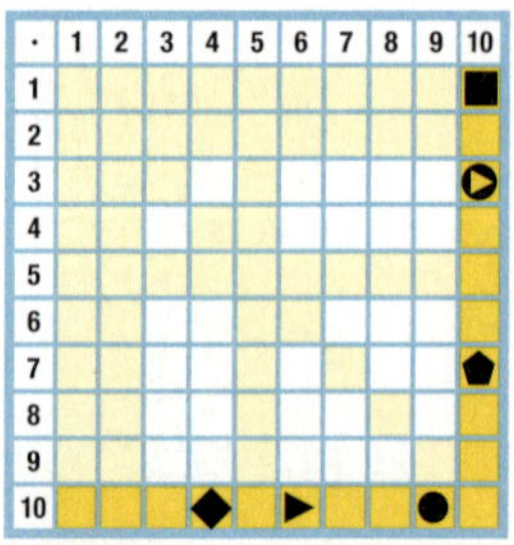

■	1. Mal-Aufgabe	◆	7. Mal-Aufgabe
	2. Ergebnis		8. Ergebnis
⏵	3. Mal-Aufgabe	▶	9. Mal-Aufgabe
	4. Ergebnis		10. Ergebnis
⬟	5. Mal-Aufgabe	●	11. Mal-Aufgabe
	6. Ergebnis		12. Ergebnis

Lösung	1·10	3·10	7·10	10·4	10·6	10·9	10	30	40	60	70	90
Feld	15	18	23	19	17	22	13	16	21	24	14	20

Von den Sonnen-Aufgaben zu den Nachbar-Aufgaben

Löse die Sonnen-Aufgaben zu 5 und und die Nachbar-Aufgaben.

1. 5 · 3 = ___	4. 5 · 6 = ___	7. 5 · 8 = ___	10. 5 · 7 = ___
2. 4 · 3 = ___	5. 4 · 6 = ___	8. 4 · 8 = ___	11. 4 · 7 = ___
3. 6 · 3 = ___	6. 6 · 6 = ___	9. 6 · 8 = ___	12. 6 · 7 = ___

Lösung	12	15	18	24	28	30	32	35	36	40	42	48
Feld	8	12	9	3	6	11	5	4	7	1	2	10

Sonnen-Aufgaben zu 2 und 10 und ihre Nachbar-Aufgaben

1. 2 · 4 = ___	5. 2 · 8 = ___	9. 10 · 4 = ___
2. 3 · 4 = ___	6. 3 · 8 = ___	10. 9 · 4 = ___
3. 2 · 7 = ___	7. 10 · 3 = ___	11. 10 · 6 = ___
4. 3 · 7 = ___	8. 9 · 3 = ___	12. 9 · 6 = ___

Lösung	8	12	14	16	21	24	27	30	36	40	54	60
Feld	21	19	24	18	22	20	16	14	17	23	13	15

Plus, minus, mal, durch

1. 10 · 2 + 4 = ___	5. 6 · 2 + 8 = ___	9. 10 · 5 − 4 = ___
2. 10 : 2 − 4 = ___	6. 2 · 9 − 9 = ___	10. 10 : 5 + 9 = ___
3. 10 · 10 − 9 = ___	7. 18 : 2 + 5 = ___	11. 7 · 5 + 8 = ___
4. 10 : 10 + 9 = ___	8. 20 : 2 − 7 = ___	12. 5 · 9 − 8 = ___

Lösung	1	3	9	10	11	14	20	24	37	43	46	91
Feld	9	7	10	1	12	3	11	2	4	8	6	5

Einmaleins mit 3

Ergänze die fehlenden Zahlen!

		1.	2.	3.	4.	5.	6.	7.
Kinder	1		3	5				9
Tücher	3	6			18	21	24	

8. 4 · 3 = __
9. 1 · 3 = __
10. 0 · 3 = __
11. 10 · 3 = __
12. 11 · 3 = __

Lösung	0	2	3	6	7	8	9	12	15	27	30	33
Feld	3	7	10	8	4	12	11	1	9	5	2	6

Aufgabe und Tauschaufgabe

Finde die Mal-Aufgabe, die Tauschaufgabe und das Ergebnis.

1. Aufgabe
2. Tauschaufgabe
3. Ergebnis

4. Aufgabe
5. Tauschaufgabe
6. Ergebnis

7. Aufgabe
8. Tauschaufgabe
9. Ergebnis

10. Aufgabe
11. Tauschaufgabe
12. Ergebnis

Lösung	3 · 4	3 · 6	3 · 7	3 · 8	4 · 3	6 · 3	7 · 3	8 · 3	12	18	21	24
Feld	23	20	15	19	14	24	13	22	16	21	18	17

Sonnen-Aufgaben und Tauschaufgaben können dir helfen!

1. 6 · 3 = ___
2. 3 · 10 = ___
3. 0 · 3 = ___
4. 7 · 3 = ___
5. 3 · 5 = ___
6. 2 · 3 = ___
7. 8 · 3 = ___
8. 4 · 3 = ___
9. 3 · 9 = ___
10. ___ · 3 = 9
11. ___ · 3 = 33
12. ___ · 3 = 21

Lösung	0	3	6	7	11	12	15	18	21	24	27	30
Feld	5	12	1	8	10	9	11	4	3	7	6	2

Springen in Dreier-Sprüngen

Finde erst die passende Durch-Aufgabe, dann das Ergebnis.

15	9	21	27
1. Durch-Aufgabe 2. Ergebnis	3. Durch-Aufgabe 4. Ergebnis	5. Durch-Aufgabe 6. Ergebnis	7. Durch-Aufgabe 8. Ergebnis
9. 6 : 3 = ____	10. 12 : 3 = ____	11. 30 : 3 = ____	12. 24 : 3 = ____

Lösung	9 : 3	15 : 3	21 : 3	27 : 3	2	3	4	5	7	8	9	10
Feld	21	19	16	18	22	20	15	23	24	17	14	13

Sachaufgaben

Es sind 12 Kinder. Durch-Aufgabe 12 : 3. Es sind 4 Gruppen.

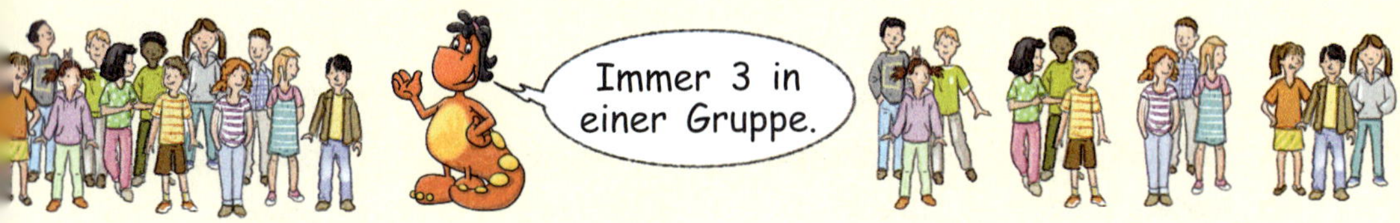

Es sind 21 Kinder. Immer 3 in einer Gruppe. Wie viele Gruppen sind es?	Es sind 24 Kinder. Immer 3 in einer Gruppe. Wie viele Gruppen sind es?	Es sind 30 Kinder. Immer 3 in einer Gruppe. Wie viele Gruppen sind es?
1. Durch-Aufgabe 2. Es sind ____ Gruppen.	3 Durch-Aufgabe 4. Es sind ____ Gruppen.	5. Durch-Aufgabe 6. Es sind ____ Gruppen.
Verteile gerecht 12 Orangen an drei Kinder.	Verteile gerecht 18 Nüsse an drei Kinder.	Verteile gerecht 15 Pflaumen an drei Kinder.
7. Durch-Aufgabe 8. Jedes Kind bekommt ____ Orangen.	9. Durch-Aufgabe 10. Jedes Kind bekommt ____ Nüsse.	11. Durch-Aufgabe 12. Jedes Kind bekommt ____ Pflaumen.

Lösung	12 : 3	15 : 3	18 : 3	21 : 3	24 : 3	30 : 3	4	5	6	7	8	10
Feld	10	7	5	1	6	12	8	9	11	3	2	4

Einmaleins mit 4

Ergänze die fehlenden Zahlen!

		1.	2.	3.	4.	5.	6.	7.
Bretter	1		4		6		8	
Rollen	4	8		20		28		36

8. $3 \cdot 4 =$ __
9. $1 \cdot 4 =$ __
10. $0 \cdot 4 =$ __
11. $10 \cdot 4 =$ __
12. $11 \cdot 4 =$ __

Lösung	0	2	4	5	7	9	12	16	24	32	40	44
Feld	17	22	24	23	18	14	16	20	21	19	15	13

Aufgabe und Tauschaufgabe

Finde die Mal-Aufgabe, die Tauschaufgabe und das Ergebnis.

1. Aufgabe
2. Tauschaufgabe
3. Ergebnis

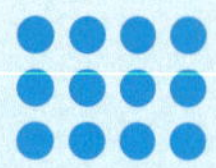

4. Aufgabe
5. Tauschaufgabe
6. Ergebnis

7. Aufgabe
8. Tauschaufgabe
9. Ergebnis

10. Aufgabe
11. Tauschaufgabe
12. Ergebnis

Lösung	$3 \cdot 4$	$4 \cdot 3$	$4 \cdot 6$	$4 \cdot 7$	$4 \cdot 8$	$6 \cdot 4$	$7 \cdot 4$	$8 \cdot 4$	12	24	28	32
Feld	10	1	4	3	11	2	5	9	12	6	7	8

Sonnen-Aufgaben und Tauschaufgaben können dir helfen!

1. $2 \cdot 4 =$ ____
2. $4 \cdot 4 =$ ____
3. $9 \cdot 4 =$ ____
4. $4 \cdot 8 =$ ____
5. $5 \cdot 4 =$ ____
6. $4 \cdot 7 =$ ____
7. $3 \cdot 4 =$ ____
8. $11 \cdot 4 =$ ____
9. $4 \cdot 10 =$ ____
10. ____ $\cdot 4 = 4$
11. ____ $\cdot 4 = 24$
12. ____ $\cdot 4 = 0$

Lösung	0	1	6	8	12	16	20	28	32	36	40	44
Feld	15	14	18	23	16	22	13	21	24	20	19	17

Springen in Vierer-Sprüngen

Finde erst die passende Aufgabe, dann das Ergebnis.

40	16	36	20
1. Durch-Aufgabe 2. Ergebnis	3. Durch-Aufgabe 4. Ergebnis	5. Durch-Aufgabe 6. Ergebnis	7. Durch-Aufgabe 8. Ergebnis
9. 8 : 4 = ____	10. 28 : 4 = ____	11. 12 : 4 = ____	12. 24 : 4 = ____

Lösung	16 : 4	20 : 4	36 : 4	40 : 4	2	3	4	5	6	7	9	10
Feld	10	1	3	11	9	6	12	5	2	4	8	7

Sachaufgaben

Die Klassen 2a, 2b und 2c wollen Rollbretter für die Spielpausen bauen. Wie viele Rollbretter kann jede Klasse bauen?

Klasse 2a hat 12 Rollen.	Klasse 2b hat 24 Rollen.	Klasse 2c hat 16 Rollen.
1. Durch-Aufgabe 2. Die Klasse 2a baut ____ Rollbretter.	3. Durch-Aufgabe 4. Die Klasse 2b baut ____ Rollbretter.	5. Durch-Aufgabe 6. Die Klasse 2c baut ____ Rollbretter.

Es sollen vier Gruppen gebildet werden, in jeder Gruppe gleich viele Kinder. Wie viele Kinder sind in jeder Gruppe?

Es sind 20 Kinder.	Es sind 8 Kinder.	Es sind 32 Kinder.
7. Durch-Aufgabe 8. In jeder Gruppe sind ____ Kinder.	9. Durch-Aufgabe 10. In jeder Gruppe sind ____ Kinder.	11. Durch-Aufgabe 12. In jeder Gruppe sind ____ Kinder.

Lösung	8 : 4	12 : 4	16 : 4	20 : 4	24 : 4	32 : 4	2	3	4	5	6	8
Feld	3	7	10	5	4	2	9	11	12	1	8	6

Kreative Aufgaben: Malplus

Finde die fehlenden Zahlen!

Lösung	2	10	12	14	15	16	20	25	30	36	40	70
Feld	13	24	17	21	15	19	23	20	16	22	18	14

Aufgepasst!

Lösung	0	2	3	4	5	6	8	10	12	15	18	30
Feld	2	3	6	12	1	8	9	7	5	4	10	11

Schwierige Aufgaben

Lösung	1	2	3	4	5	8	10	15	24	30	32	36
Feld	21	19	15	23	20	16	22	14	18	24	17	13

Einmaleins mit 2, 3, 4, 5 und 10

Finde die Aufgabe, die Tauschaufgabe und das Ergebnis.

1. Aufgabe
2. Tauschaufgabe
3. Ergebnis

4. Aufgabe
5. Tauschaufgabe
6. Ergebnis

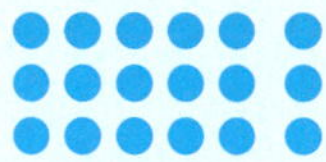

7. Aufgabe
8. Tauschaufgabe
9. Ergebnis

10. Aufgabe
11. Tauschaufgabe
12. Ergebnis

Lösung	2 · 5	3 · 6	4 · 6	4 · 7	5 · 2	6 · 3	6 · 4	7 · 4	10	18	24	28
Feld	24	15	14	23	22	17	18	13	19	20	16	21

Die Tauschaufgabe hilft!

1. 4 · 3 = ____
2. 4 · 7 = ____
3. 4 · 5 = ____
4. 4 · 8 = ____
5. 8 · 5 = ____
6. 8 · 10 = ____
7. 8 · 2 = ____
8. 8 · 3 = ____
9. 10 · 3 = ____
10. 1 · 3 = ____
11. 0 · 3 = ____
12. 5 · 3 = ____

Lösung	0	3	12	15	16	20	24	28	30	32	40	80
Feld	1	5	8	3	4	11	2	10	12	7	6	9

Plus, mal minus, durch

1. 6 · 2 + 5 = ___
2. 6 · 1 – 2 = ___
3. 7 · 3 – 8 = ___
4. 6 · 4 + 4 = ___
5. 2 · 2 – 2 = ___
6. 0 · 4 + 9 = ___
7. 8 · 3 – 2 = ___
8. 9 · 5 – 9 = ___
9. 7 · 5 – 8 = ___
10. 4 · 8 – 1 = ___
11. 9 · 2 + 0 = ___
12. 3 · 5 + 8 = ___

Lösung	2	4	9	13	17	18	22	23	27	28	31	36
Feld	21	17	18	16	13	20	23	24	15	14	22	19

Drei Zahlen im Kopf,
vier Aufgaben im Bauch,
zwei Mal-Aufgaben,
zwei Durch-Aufgaben.

Wie heißt die Zahl im Mund?

1. 

2. 

3. 

4. 

5. 

6. 

Lösung	20	21	30	40	45	48
Feld	12	8	11	9	7	3

Wie heißt die Zahl im Ohr?

7. 

8. 

9. 

10. 

11. 

12. 

Lösung	2	3	5	7	9	10
Feld	5	4	10	6	2	1

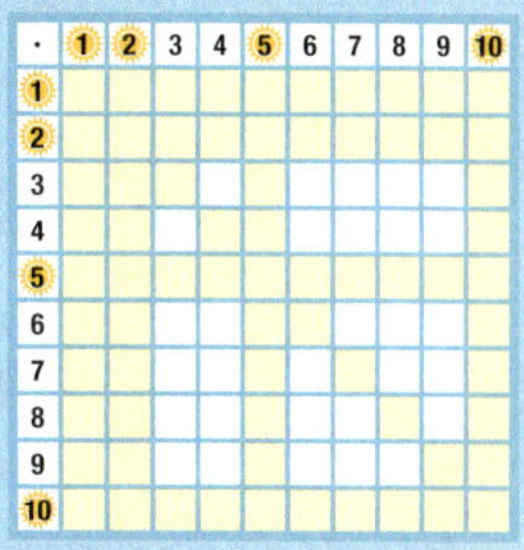

Finde erst die passende Aufgabe, dann das Ergebnis.

1. Aufgabe
2. Ergebnis

3. Aufgabe
4. Ergebnis

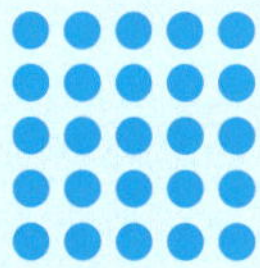

5. Aufgabe
6. Ergebnis

Von den Sonnen-Aufgaben zu den Nachbar-Aufgaben

7. 9 · 9 = ____
8. 8 · 9 = ____
9. 6 · 6 = ____
10. 7 · 6 = ____
11. 7 · 7 = ____
12. 8 · 7 = ____

Lösung	2 · 2	4 · 4	5 · 5	4	16	25	36	42	49	56	72	81
Feld	24	21	18	22	19	20	23	17	15	13	16	14

Zahlenrätsel

Finde erst die Quadratzahl, dann die Mal-Aufgabe dazu.

Sie liegt zwischen 10 und 20.

1. Quadratzahl
2. Aufgabe

Sie ist das Doppelte von 32.

3. Quadratzahl
4. Aufgabe

Sie liegt zwischen 80 und 90.

5. Quadratzahl
6. Aufgabe

Sie ist das Doppelte von 50.

7. Quadratzahl
8. Aufgabe

Sie hat an einer Stelle eine 3.

9. Quadratzahl
10. Aufgabe

Sie ist die Hälfte von 18.

11. Quadratzahl
12. Aufgabe

Lösung	3 · 3	4 · 4	6 · 6	8 · 8	9 · 9	10 · 10	9	16	36	64	81	100
Feld	9	3	12	2	4	7	8	1	5	6	11	10

Einmaleins mit 6

Ergänze die fehlenden Zahlen!

		1.	2.	3.	4.	5.	6.	7.
Pedalos	1	2	3			6	8	
Räder	6			24	30			54

8. 7 · 6 = __ 9. 1 · 6 = __ 10. 0 · 6 = __ 11. 10 · 6 = __ 12. 11 · 6 = __

Lösung	0	4	5	6	9	12	18	36	42	48	60	66
Feld	15	21	20	22	17	19	23	16	13	24	14	18

Aufgabe und Tauschaufgabe

Finde die Mal-Aufgabe, die Tauschaufgabe und das Ergebnis.

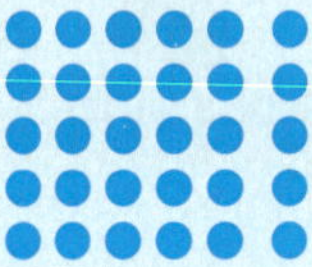

1. Aufgabe
2. Tauschaufgabe
3. Ergebnis

4. Aufgabe
5. Tauschaufgabe
6. Ergebnis

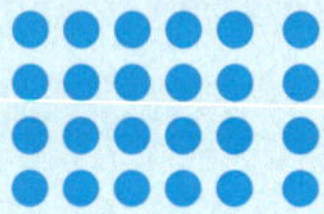

7. Aufgabe
8. Tauschaufgabe
9. Ergebnis

10. Aufgabe
11. Tauschaufgabe
12. Ergebnis

Lösung	4 · 6	5 · 6	6 · 4	6 · 5	6 · 7	6 · 8	7 · 6	8 · 6	24	30	42	48
Feld	3	2	7	9	8	11	12	1	6	5	4	10

Sonnen-Aufgaben und Tauschaufgaben können dir helfen!

1. 5 · 6 = ____
2. 6 · 2 = ____
3. 3 · 6 = ____
4. 0 · 6 = ____
5. 6 · 10 = ____
6. 7 · 6 = ____
7. 4 · 6 = ____
8. 6 · 1 = ____
9. 6 · 6 = ____
10. ____ · 6 = 18
11. ____ · 6 = 66
12. ____ · 6 = 42

Lösung	0	3	6	7	11	12	18	24	30	36	42	60
Feld	22	14	15	18	16	24	19	17	21	20	23	13

Finde erst die passende Aufgabe, dann das Ergebnis.

36	24	42	18
1. Durch-Aufgabe 2. Ergebnis	3. Durch-Aufgabe 4. Ergebnis	5. Durch-Aufgabe 6. Ergebnis	7. Durch-Aufgabe 8. Ergebnis
9. 12 : 6 = ____	10. 48 : 6 = ____	11. 54 : 6 = ____	12. 30 : 6 = ____

Lösung	18 : 6	24 : 6	36 : 6	42 : 6	2	3	4	5	6	7	8	9
Feld	7	5	4	11	6	9	3	8	2	1	12	10

Sachaufgaben

Ferien-Freizeit: Für ein Spiel sollen Gruppen gebildet werden, in jeder Gruppe sechs Kinder. Wie viele Gruppen sind es?

Es sind 30 Kinder.	Es sind 18 Kinder.	Es sind 42 Kinder.
1. Durch-Aufgabe 2. Es sind ___ Gruppen.	3. Durch-Aufgabe 4. Es sind ___ Gruppen.	5. Durch-Aufgabe 6. Es sind ___ Gruppen.

Für ein anderes Spiel sollen sechs Gruppen gebildet werden, in jeder Gruppe gleich viele Kinder. Wie viele sind in jeder Gruppe?

Es sind 60 Kinder.	Es sind 24 Kinder.	Es sind 36 Kinder.
7. Durch-Aufgabe 8. In jeder Gruppe sind ____ Kinder.	9. Durch-Aufgabe 10. In jeder Gruppe sind ____ Kinder.	11. Durch-Aufgabe 12. In jeder Gruppe sind ____ Kinder.

Lösung	18 : 6	24 : 6	30 : 6	36 : 6	42 : 6	60 : 6	3	4	5	6	7	10
Feld	19	20	24	17	14	16	23	13	22	15	21	18

Einmaleins mit 9

Ergänze die fehlenden Zahlen!

		1.	2.	3.	4.	5.	6.	7.
Bahnen	1		3	5			8	9
Kegel	9	18			54	63		

8. 4 · 9 = __
9. 1 · 9 = __
10. 0 · 9 = __
11. 10 · 9 = __
12. 11 · 9 = __

Lösung	0	2	6	7	9	27	36	45	72	81	90	99
Feld	14	23	24	13	19	22	17	20	21	16	18	15

Erst mit 10 rechnen

3 · 9 = 3 · 10 – 3 = 1.

4 · 9 = 4 · 10 – 4 = 2.

5 · 9 = 5 · 10 – 3. = 4.

6 · 9 = 6 · 10 – 5. = 6.

7 · 9 = 7. – 8. = 9.

8 · 9 = 10. – 11. = 12.

Lösung	7 · 10	8 · 10	5	6	7	8	27	36	45	54	63	72
Feld	1	4	10	3	5	6	11	7	12	8	9	2

Gemischte Aufgaben

Sonnen-Aufgaben und Tauschaufgaben können dir helfen!

1. 4 · 9 = ____
2. 8 · 9 = ____
3. 9 · 7 = ____
4. 2 · 9 = ____
5. 3 · 9 = ____
6. 9 · 9 = ____
7. 9 · 5 = ____
8. 12 · 9 = ____
9. 9 · 10 = ____
10. ____ · 9 = 0
11. ____ · 9 = 99
12. ____ · 9 = 9

Lösung	0	1	11	18	27	36	45	63	72	81	90	108
Feld	16	14	18	24	15	23	13	22	19	20	21	17

Springen in Neuner-Sprüngen

Finde erst die passende Durch-Aufgabe, dann das Ergebnis.

45	54	81	18
1. Durch-Aufgabe	3. Durch-Aufgabe	5. Durch-Aufgabe	7. Durch-Aufgabe
2. Ergebnis	4. Ergebnis	6. Ergebnis	8. Ergebnis
9. 27 : 9 = ____	10. 72 : 9 = ____	11. 63 : 9 = ____	12. 36 : 9 = ____

Lösung	18 : 9	45 : 9	54 : 9	81 : 9	2	3	4	5	6	7	8	9
Feld	14	23	22	15	18	21	13	19	24	17	16	20

Plus, minus, mal, durch

1. 6 · 9 – 7 = ____	5. 27 : 9 + 38 = ____	9. 36 : 9 + 44 = ____
2. 9 · 5 – 5 = ____	6. 81 : 9 + 41 = ____	10. 63 : 9 + 36 = ____
3. 7 · 7 – 3 = ____	7. 18 : 9 + 49 = ____	11. 54 : 9 + 38 = ____
4. 9 · 6 – 5 = ____	8. 45 : 9 + 37 = ____	12. 0 : 9 + 45 = ____

Lösung	40	41	42	43	44	45	46	47	48	49	50	51
Feld	11	10	1	9	2	6	4	7	3	8	12	5

Finde erst die Zahl der Neuner-Reihe, dann die Mal-Aufgabe dazu.

Sie liegt zwischen 10 und 20.	Sie liegt zwischen 40 und 50.	Sie liegt zwischen 60 und 70.
1. Zahl / 2. Aufgabe	3. Zahl / 4. Aufgabe	5. Zahl / 6. Aufgabe
Sie liegt zwischen 30 und 40.	Sie liegt zwischen 80 und 90.	Sie liegt zwischen 50 und 60.
7. Zahl / 8. Aufgabe	9. Zahl / 10. Aufgabe	11. Zahl / 12. Aufgabe

Lösung	2 · 9	4 · 9	5 · 9	6 · 9	7 · 9	9 · 9	18	36	45	54	63	81
Feld	23	14	20	17	24	15	19	18	21	13	16	22

Einmaleins mit 8

Ergänze die fehlenden Zahlen!

		1.	2.	3.	4.	5.	6.	7.
Paare	1		3	5			8	
Räder	8	16			48	56		72

8. 4 · 8 = __
9. 1 · 8 = __
10. 0 · 8 = __
11. 10 · 8 = __
12. 11 · 8 = __

Lösung	0	2	6	7	8	9	24	32	40	64	80	88
Feld	16	20	19	15	22	17	24	13	21	23	14	18

Aufgabe und Tauschaufgabe

Finde die Mal-Aufgabe, die Tauschaufgabe und das Ergebnis.

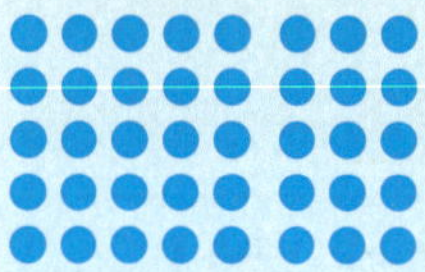

1. Aufgabe
2. Tauschaufgabe
3. Ergebnis

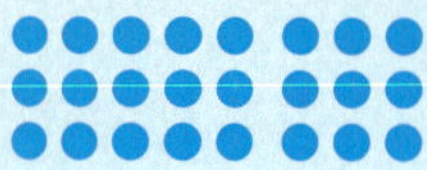

4. Aufgabe
5. Tauschaufgabe
6. Ergebnis

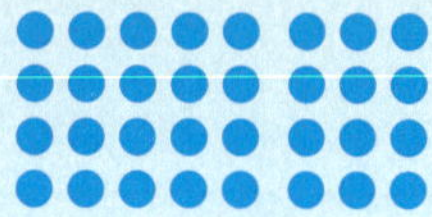

7. Aufgabe
8. Tauschaufgabe
9. Ergebnis

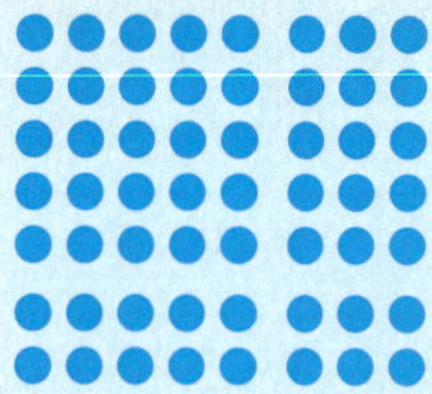

10. Aufgabe
11. Tauschaufgabe
12. Ergebnis

Lösung	3 · 8	4 · 8	5 · 8	7 · 8	8 · 3	8 · 4	8 · 5	8 · 7	24	32	40	56
Feld	7	5	8	4	3	1	12	2	11	9	10	6

Sonnen-Aufgaben und Tauschaufgaben können dir helfen!

1. 8 · 5 = ____
2. 3 · 8 = ____
3. 6 · 8 = ____
4. 7 · 8 = ____
5. 8 · 0 = ____
6. 4 · 8 = ____
7. 10 · 8 = ____
8. 8 · 9 = ____
9. 8 · 8 = ____
10. ____ · 8 = 56
11. ____ · 8 = 16
12. ____ · 8 = 48

Lösung	0	2	6	7	24	32	40	48	56	64	72	80
Feld	23	22	20	24	13	14	15	18	16	17	21	19

Springen in Achter-Sprüngen

Finde erst die passende Aufgabe, dann das Ergebnis.

56	16	40	64
1. Durch-Aufgabe	3. Durch-Aufgabe	5. Durch-Aufgabe	7. Durch-Aufgabe
2. Ergebnis	4. Ergebnis	6. Ergebnis	8. Ergebnis
9. 72 : 8 = ___	10. 24 : 8 = ___	11. 48 : 8 = ___	12. 32 : 8 = ___

Lösung	16 : 8	40 : 8	56 : 8	64 : 8	2	3	4	5	6	7	8	9
Feld	22	16	19	18	20	15	17	24	13	23	14	21

Plus, minus, mal, durch

1. 7 · 8 – 7 = ___	5. 24 : 8 + 38 = ___	9. 32 : 8 + 46 = ___
2. 8 · 6 – 6 = ___	6. 40 : 8 + 43 = ___	10. 72 : 8 + 35 = ___
3. 5 · 8 – 0 = ___	7. 16 : 8 + 49 = ___	11. 56 : 8 + 39 = ___
4. 8 · 7 – 9 = ___	8. 64 : 8 + 37 = ___	12. 8 : 8 + 42 = ___

Lösung	40	41	42	43	44	45	46	47	48	49	50	51
Feld	7	2	12	5	1	4	3	9	11	10	8	6

Finde erst die Zahl der Achter-Reihe, dann die Mal-Aufgabe dazu.

Sie liegt zwischen 10 und 20.	Sie liegt zwischen 60 und 70.	Sie liegt zwischen 20 und 30.
1. Zahl / 2. Aufgabe	3. Zahl / 4. Aufgabe	5. Zahl / 6. Aufgabe
Sie liegt zwischen 50 und 60.	Sie liegt zwischen 25 und 35.	Sie liegt zwischen 45 und 55.
7. Zahl / 8. Aufgabe	9. Zahl / 10. Aufgabe	11. Zahl / 12. Aufgabe

Lösung	2 · 8	3 · 8	4 · 8	6 · 8	7 · 8	8 · 8	16	24	32	48	56	64
Feld	23	24	15	18	13	20	19	16	22	14	17	21

Einmaleins mit 7

Ergänze die fehlenden Zahlen!

		1.	2.	3.	4.	5.	6.	7.
Wochen	1	2			5	6		
Tage	7		21	28			56	63

8. 7 · 7 = __
9. 1 · 7 = __
10. 0 · 7 = __
11. 10 · 7 = __
12. 11 · 7 = __

Lösung	0	3	4	7	8	9	14	35	42	49	70	77
Feld	12	3	6	5	4	10	1	2	11	7	8	9

Aufgabe und Tauschaufgabe

Finde die Mal-Aufgabe, die Tauschaufgabe und das Ergebnis.

1. Aufgabe
2. Tauschaufgabe
3. Ergebnis

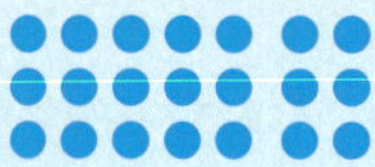

4. Aufgabe
5. Tauschaufgabe
6. Ergebnis

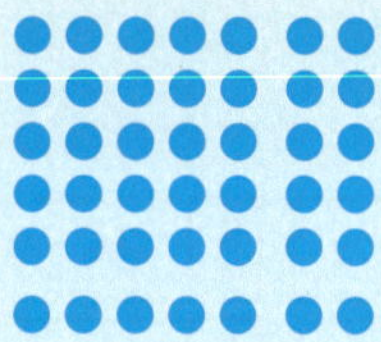

7. Aufgabe
8. Tauschaufgabe
9. Ergebnis

10. Aufgabe
11. Tauschaufgabe
12. Ergebnis

Lösung	3 · 7	5 · 7	6 · 7	7 · 3	7 · 5	7 · 6	7 · 8	8 · 7	21	35	42	56
Feld	20	15	18	16	13	14	23	19	24	17	22	21

Sonnen-Aufgaben und Tauschaufgaben können dir helfen!

1. 4 · 7 = ____
2. 8 · 7 = ____
3. 9 · 7 = ____
4. 2 · 7 = ____
5. 3 · 7 = ____
6. 7 · 7 = ____
7. 5 · 7 = ____
8. 12 · 7 = ____
9. ____ · 7 = 70
10. ____ · 7 = 0
11. ____ · 7 = 77
12. ____ · 7 = 7

Lösung	0	1	10	11	14	21	28	35	49	56	63	84
Feld	12	8	6	10	3	11	4	7	1	2	5	9

Springen in Siebener-Sprüngen

Finde erst die passende Aufgabe, dann das Ergebnis.

49	70	63	35
1. Durch-Aufgabe 2. Ergebnis	3. Durch-Aufgabe 4. Ergebnis	5. Durch-Aufgabe 6. Ergebnis	7. Durch-Aufgabe 8. Ergebnis
9. 28 : 7 = ___	10. 56 : 7 = ___	11. 21 : 7 = ___	12. 42 : 7 = ___

Lösung	35 : 7	49 : 7	63 : 7	70 : 7	3	4	5	6	7	8	9	10
Feld	17	21	13	19	16	20	15	18	24	14	23	22

Plus, minus, mal, durch

1. $6 \cdot 7 - 2 =$ ___	5. $28 : 7 + 38 =$ ___	9. $56 : 7 + 43 =$ ___
2. $7 \cdot 8 - 9 =$ ___	6. $42 : 7 + 42 =$ ___	10. $63 : 7 + 36 =$ ___
3. $7 \cdot 7 - 3 =$ ___	7. $14 : 7 + 47 =$ ___	11. $70 : 7 + 33 =$ ___
4. $8 \cdot 7 - 6 =$ ___	8. $49 : 7 + 37 =$ ___	12. $7 : 7 + 40 =$ ___

Lösung	40	41	42	43	44	45	46	47	48	49	50	51
Feld	3	11	8	9	10	7	2	5	6	12	4	1

Finde erst die Zahl der Siebener-Reihe, dann die Mal-Aufgabe dazu.

Sie liegt zwischen 10 und 20.	Sie liegt zwischen 50 und 60.	Sie liegt zwischen 30 und 40.
1. Zahl — 2. Aufgabe	3. Zahl — 4. Aufgabe	5. Zahl — 6. Aufgabe
Sie liegt zwischen 15 und 25.	Sie liegt zwischen 45 und 55.	Sie liegt unter 10.
7. Zahl — 8. Aufgabe	9. Zahl — 10. Aufgabe	11. Zahl — 12. Aufgabe

Lösung	$1 \cdot 7$	$2 \cdot 7$	$3 \cdot 7$	$5 \cdot 7$	$7 \cdot 7$	$8 \cdot 7$	7	14	21	35	49	56
Feld	15	22	18	21	13	23	17	24	16	14	20	19

Übungen zum Einmaleins

1. 3 · 7 = ____
2. 5 · 8 = ____
3. 2 · 5 = ____
4. 9 · 4 = ____
5. 5 · 5 = ____
6. 0 · 3 = ____
7. 7 · 2 = ____
8. 6 · 8 = ____
9. 7 · 10 = ____
10. 8 · 3 = ____
11. 7 · 9 = ____
12. 4 · 2 = ____

Lösung	0	8	10	14	21	24	25	36	40	48	63	70
Feld	21	15	20	16	23	14	13	24	22	17	18	19

Durch-Aufgaben

1. 56 : 7 = ____
2. 18 : 9 = ____
3. 20 : 5 = ____
4. 2 : 2 = ____
5. 28 : 4 = ____
6. 36 : 6 = ____
7. 30 : 3 = ____
8. 24 : 8 = ____
9. 12 : 1 = ____
10. 54 : 6 = ____
11. 35 : 7 = ____
12. 0 : 1 = ____

Lösung	0	1	2	3	4	5	6	7	8	9	10	12
Feld	2	12	7	5	10	6	8	3	11	4	1	9

Das kannst du auch!

1. 3 · 8 – 6 = ____
2. 7 · 5 + 31 = ____
3. 64 : 8 + 11 = ____
4. 4 · 2 + 48 = ____
5. 25 : 5 – 2 = ____
6. 4 · 9 – 23 = ____

7. 9 · 1 + 1 = ____
8. 0 · 6 + 4 = ____
9. 27 : 9 + 26 = ____
10. 28 : 4 – 6 = ____
11. 63 : 7 + 53 = ____
12. 6 · 6 + 6 = ____

Lösung	1	3	4	10	13	18	19	29	42	56	62	66
Feld	16	15	17	13	20	23	22	21	14	24	18	19

Kreative Aufgaben: Multi-Pack

Multi-Pack

Vier Zahlenkarten,
sechs Aufgaben.
Aufgabe und
Tauschaufgabe:
nur eine Aufgabe.

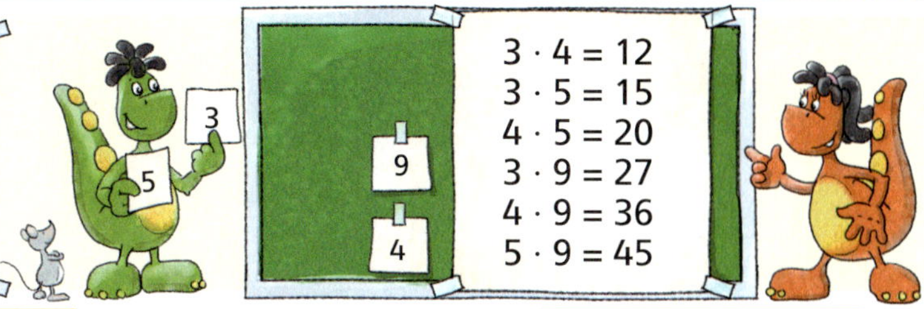

Karten: 4, 6, 7, 3

1. ___ · ___ = 12
2. ___ · ___ = 18
3. ___ · ___ = 21
4. ___ · ___ = 24
5. ___ · ___ = 28
6. ___ · ___ = 42

Karten: 5, 8, 2, 9

7. ___ · ___ = 10
8. ___ · ___ = 16
9. ___ · ___ = 18
10. ___ · ___ = 40
11. ___ · ___ = 45
12. ___ · ___ = 72

Lösung	2 · 5	2 · 8	2 · 9	3 · 4	3 · 6	3 · 7	4 · 6	4 · 7	5 · 8	5 · 9	6 · 7	8 · 9
Feld	15	17	20	24	22	19	23	13	14	18	21	16

Für Profis!

Welche Zahlen fehlen an den markierten Stellen?

Bei den Mal-Aufgaben steht die kleinere Zahl vorne.

Karten: 9, 2, 4, [1.]

___ · ___ = 8
___ · ___ = 12
___ · ___ = 18
___ · ___ = 24
[2.] · [3.] = 36
___ · ___ = 54

Karten: 7, 5, [4.], 3

___ · ___ = 15
[5.] · [6.] = 21
___ · ___ = 24
___ · ___ = 35
___ · ___ = 40
___ · ___ = 56

Karten: 10, [7.], 4, 9

___ · ___ = 20
___ · ___ = [8.]
___ · ___ = 40
___ · ___ = 45
___ · ___ = 50
___ · ___ = [9.]

Karten: 6, 3, [10.], 8

___ · ___ = 6
___ · ___ = 12
___ · ___ = 16
___ · ___ = [11.]
___ · ___ = 24
___ · ___ = [12.]

Lösung	2	3	4	5	6	7	8	9	18	36	48	90
Feld	1	2	12	6	10	11	9	7	3	4	5	8

Ringewerfen

Klasse	2 Punkte	6 Punkte	9 Punkte	Gesamt-Punktzahl
2a	1. II	2. IIII	3. IIII	4.
2b	5. IIII	6. III	7. III	8.
2c	9. III	10. II	11. ~~IIII~~	12.

Lösung	4	6	8	12	18	24	27	36	45	53	63	64
Feld	7	3	10	9	12	11	5	4	2	1	6	8

Rundenlauf in 5 Minuten

Klasse	4 Runden	8 Runden	10 Runden	Gesamt-Rundenzahl
2a	1. ~~IIII~~ I	2. IIII	3. ~~IIII~~	4.
2b	5. ~~IIII~~	6. ~~IIII~~ I	7. IIII	8.
2c	9. IIII	10. ~~IIII~~ III	11. III	12.

Lösung	16	20	24	30	32	40	48	50	64	106	108	110
Feld	21	16	19	13	23	18	24	22	15	20	14	17